DATE DUE

JAN 0 7	
FEB 2 7 2007	
APR 1 7 2007	
JUL 1 3 2010	

DEMCO, INC. 38-2931

What's Inside a
Police Car?

¿Qué hay dentro de un
carro de policía?

Sharon Gordon

Marshall Cavendish
Benchmark
New York

Inside a Police Car
Dentro de un carro de policía

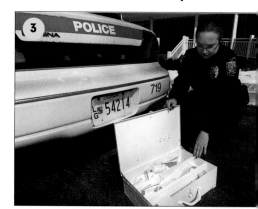

1 computer
  computadora

2 engine
  motor

3 first-aid kit
  botiquín de primeros auxilio

4 flares
  balizas

2

5 floodlight
    reflector

6 handcuffs
    esposas

7 radar gun
    pistola radar

8 two-way radio
    radio bidireccional

The police officers walk to their car. It is time to get to work!

Los oficiales de policía caminan hacia su carro. ¡Es hora de ir a trabajar!

The police car is built to help officers do their job.

It has a powerful *engine*. This makes it go faster than most cars.

El carro de policía está diseñado para ayudar a los oficiales en su trabajo.

Tiene un *motor* potente para que vaya más rápido que la mayoría de los carros.

Inside the police car, two officers can sit up front. A screen divides the front seat and backseat. This helps the officers stay safe.

❖

Dentro del carro de policía se pueden sentar dos oficiales en el frente. Para la seguridad de los oficiales, un blindaje separa el asiento trasero del delantero.

The police car looks different from other cars. The name of the town is on the door. It has flashing lights on top.

The police car also has a loud *siren*.

El carro de policía es diferente a otros carros. Tiene el nombre de la ciudad en la puerta y luces intermitentes en el techo.

También tiene una *sirena* estridente.

The police officers are on their way to an emergency. The *computer* inside the police car shows them information about what happened.

Los oficiales de policía van a atender una emergencia. La *computadora* del carro de policía les informa sobre lo que sucedió.

The *dispatcher* gives them directions on the two-way radio.

❖

El *operador* les da instrucciones por el radio bidireccional.

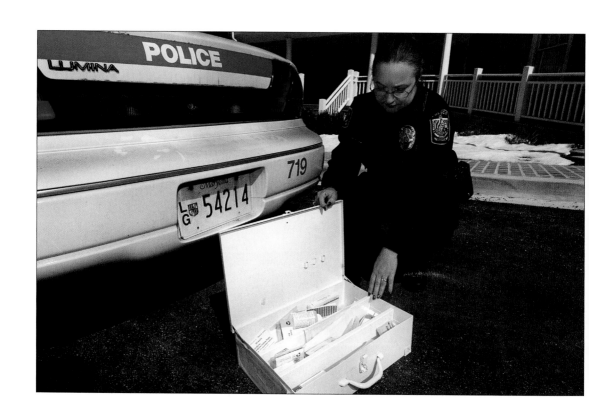

If someone is hurt, the police officers get the *first-aid kit* from the trunk. They may use an *oxygen tank* and mask to help someone breathe.

Sometimes the officers call for the ambulance.

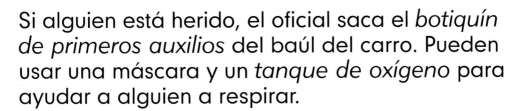

Si alguien está herido, el oficial saca el *botiquín de primeros auxilios* del baúl del carro. Pueden usar una máscara y un *tanque de oxígeno* para ayudar a alguien a respirar.

A veces, los oficiales llaman a una la ambulancia.

The police car moves across town. An officer sets up the *radar gun* inside the police car. It can tell how fast other cars are going.

If a driver is speeding, the officer gives him a ticket.

El carro de policía recorre la ciudad. Un oficial monta la *pistola radar* en el carro de policía para saber a qué velocidad van los otros carros.

Si un conductor va con exceso de velocidad, el oficial le pone una multa.

The police officer arrives at a traffic jam. There has been an accident. She turns on the police car's flashing lights. She sets up *flares* to warn others.

❖

Una oficial de policía llega a un embotellamiento. Hubo un accidente. Prende las luces intermitentes y coloca las *balizas* para alertar a los demás.

Sometimes an officer speaks to people from inside the police car. She talks on a *loudspeaker*. She can tell drivers to pull over or turn back.

❖

A veces, un oficial habla con la gente desde el carro de policía. Habla por un *altoparlante*. Les puede decir a los conductores que se detengan al costado del camino o que regresen.

The dispatcher calls the police car on the two-way radio. Someone is reporting a lot of noise. There might be trouble.

La operadora llama al carro de policía por el radio bidireccional. Alguien informa que hay mucho ruido. Puede haber problemas.

The officers are ready for dangerous work. They have special tools for the job.

The police car has a *floodlight* to use at night. It lights up dark hiding places.

❖

Los oficiales están preparados para hacer trabajos peligrosos, tienen herramientas especiales.

El carro de policía tiene un *reflector* para usar por la noche, e iluminar escondites oscuros.

25

The police officers carry handcuffs. Handcuffs keep a person's hands close together. There is also a large gun inside the police car.

The officers are trained to use these tools safely.

Los oficiales llevan esposas. Las esposas mantienen juntas las manos de una persona. También hay un arma grande en el carro de policía.

Los oficiales están entrenados para usar estas herramientas para la seguridad.

But the officers will not need their tools tonight.
They can keep them inside the police car.

❖

Pero esta noche los oficiales no necesitan sus
herramientas. Pueden dejarlas en el carro de
policía.

Here is the troublemaker!

❖

¡Aquí está el alborotador!

Challenge Words

computer A machine that records, stores, and finds information.

dispatcher A phone operator who takes emergency calls for the police, ambulance, and fire stations.

engine A machine that provides the power that moves a car.

first-aid kit A box or bag that holds supplies to help a sick or injured person.

flares Bright warning lights.

floodlight A light on a police car that sends out a wide, bright ray of light.

loudspeaker A tool that makes a person's voice loud enough to be heard in a large area.

oxygen tank A tank that stores oxygen, a special gas that is needed to breathe.

radar gun A tool that measures the speed of an object.

siren An electrical horn that makes a loud up-and-down warning sound.

Palabras avanzadas

altoparlante Una herramienta que hace que la voz de una persona se oiga fuerte en un área extensa.

balizas Unas luces de alerta brillantes.

botiquín de primeros auxilios Una caja que contiene artículos para ayudar a personas enfermas o heridas.

computadora Una máquina que registra, almacena y encuentra información.

motor Una máquina que provee la fuerza que mueve un carro.

operador(a) Una persona que recibe las llamadas de emergencia para la policía, ambulancia y las estaciones de bomberos.

pistola radar Una herramienta que mide la velocidad a la que se mueve un objeto.

reflector Un foco instalado en el carro de policía que emite un rayo de luz amplio y brillante.

sirena Una bocina eléctrica que hace un sonido de alerta fuerte, agudo y grave.

tanque de oxígeno Un depósito de oxígeno, un gas especial que se necesita para respirar.

Index

Índice

With thanks to Nanci Vargus, Ed.D.
and Beth Walker Gambro, reading consultants

ACKNOWLEDGMENTS
With thanks to the men and women of the Chevy Chase Village, Maryland,
Police Department and the Montgomery County, Maryland, Police
Department

Marshall Cavendish Benchmark
99 White Plains Road
Tarrytown, New York 10591-9001
www.marshallcavendish.us

Library of Congress Cataloging-in-Publication Data

Gordon, Sharon.
[What's inside a police car? English & Spanish]
What's inside a police car? = ¿Qué hay dentro de un carro de policía? / Sharon Gordon. — Bilingual ed.
p. cm. — (Bookworms. What's inside? = ¿Qué hay dentro?)
Includes index.
ISBN-13: 978-0-7614-2475-8 (bilingual ed.)
ISBN-10: 0-7614-2475-X (bilingual ed.)
ISBN-13: 978-0-7614-2396-6 (Spanish ed.)
ISBN-10: 0-7614-1565-3 (English ed.)
1. Police vehicles—Juvenile literature. I. Title. II. Series.

HV7936.V4G6713 2007
363.2'32—dc22
2006019032

Spanish Translation and Text Composition by Victory Productions, Inc.
www.victoryprd.com

Photo Research by Anne Burns Images
Cover Photo by Jay Mallin

The photographs in this book are used with permission and through the courtesy of: *Jay Mallin*:
pp. 1, 2 (top right) (bottom), 3, 5, 6, 9, 10, 13, 14, 17, 18, 21, 25, 26, 28, 29.
Corbis: pp. 2 (top left), 12 DiMaggio/Kalish; p. 22 Tim Wright.

Series design by Becky Terhune

Printed in Malaysia
1 3 5 6 4 2